Impressum
Verlag: BABADADA GmbH, Nedderfeld 112 , 22529 Hamburg
Geschäftsführer / Verlagsleitung: Harald Hof
Druck: Books on Demand GmbH, In de Tarpen 42, 22848 Norderstedt

Imprint
Publisher: BABADADA GmbH, Nedderfeld 112 , 22529 Hamburg, Germany
Managing Director / Publishing direction: Harald Hof
Print: Books on Demand GmbH, In de Tarpen 42, 22848 Norderstedt, Germany

قوتابخانە

makaranta

پۆل
aji
دابەشکردن
raba
186/2
تەختە
allo
filin makaranta
مامۆستا
malami
کاغەز
takarda
نووسین
rubuta
پێنووس
alkalami
مێزی نووسین
babban teburi
خەتکێش
rula
کتێب
littafi
خوێندکار
dalibi

چەواڵ

jakar makaranta

جانتای پێنووس

gidan fensir

پێنووس

fensir

تیژکەرەوەی پێنووس

abin fike fensir

ڕەشکەرەوە

kilina

پەدی نیگارکێشان

kwalin zane

نیگارکێشان

zane

فڵچەی ڕەنگ

burushin fenti

قوتووی ڕەنگ

gwangwanin fenti

مەقەست

almakashi

چەسپ، کەتیرە

gam

کتێبی ڕاهێنان

littafi aiki

کاری ماڵەوە

aikin gida

12

ژمارە

lamba

2+2

زیدەکردن

kara

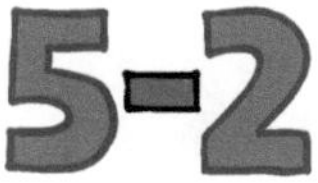

5-2

کەمکردن

debe

2×2

لێکدان

yi sau

حسابکردن، ژماردن

kwakuleta

A

پیت

wasika

ABCDEFG
HIJKLMN
OPQRSTU
VWXYZ

ئەلفوبێ

harafi

hello

وشە

kalma

نووسراوە، دەق

rubutu

خوێندنەوە

karanta

گەچ

alli

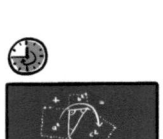

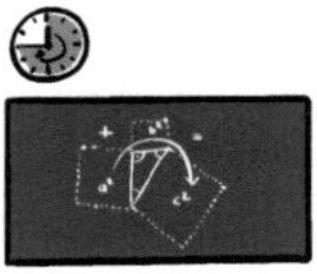

خول، دەرس

darasi

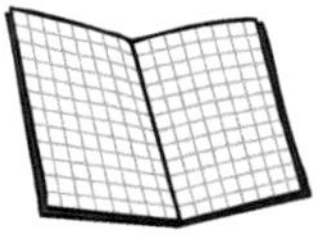

تۆمارکردن

rijista

ئەزموون، تاقیکردنەوە

jarabawa

بڕوانامە

satifiket

جلی قوتابخانە

kayan makaranta

پەروەردە

ilimi

زانیاری نامە

kundin ilimi

زانکۆ

jami'a

میکرۆسکۆپ

madubin kimiyya

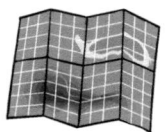

خەریتە، نەخشە

taswira

سەبەتەی کاغەز

kwandon shara

bulaguro

میوانخانە، هۆتێل
otal
میوانخانە
dakunan dalibai
نووسینگەی گۆڕینەوەی دراو
gidan canjin kudi
جانتا، ساک
karamin akwati
ئۆتۆمۆبیل
karamar mota

زمان

yare

بەڵێ / نەخێر

e/a'a

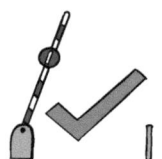

باشە

Ya yi

سڵاو

barka dai

وەرگێڕی دەق

mai fassara

سپاس

Na gode

بەچەندە ...؟

nawa ne...?

من تێناگەم

ban gane ba

کێشە

matsala

ئێوارە باش!

Barka da yamma!

بەیانی باش!

Ina kwana!

شەو باش!

barka da dare!

ماڵئاوا، بەخێرچی

sai an jima

ئاراستە، ڕێڕەو

alkibla

جانتا

kaya

جانتا

jaka

کوڵەپشتی

jakar goyawa

میوان

bako

ژوور، دیو

daki

کیسەخەو

jakar barci

چادر، دەوار

tanti

زانیاری بۆ گەشتیار
....
bayanin dan yawon bude-ido

کەناراو
....
bakin ruwa

کارتی قەرز
....
katin banki

نانی بەیانی
....
karin kumallo

نانی نیوەڕۆ
....
abincin rana

نانی شەو
....
abincin dare

بلیت
....
tikiti

ئاسانسۆر
....
daga

پوول، تەمر
....
hatimi

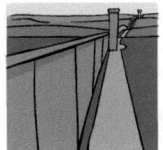

سنوور
....
iyaka

گومرک
....
kudin fiton kaya

باڵوێزخانە
....
ofishin jakadanci

ڤیزا
....
biza

پاسەپۆرت
....
fasfo

گواستنەوە

abin hawa

jirgin sama
کەشتی
jirgin ruwa
مەکینەی ئاگرکوژێنەوە
injin kashe gobara
پاس
motar bas
لۆری
tarakta
بەلەمی ماتۆ
'alekwale mai inji
دووچەرخە، پایسکڵ
keke
ئۆتۆمۆبیل
karamar mota

کەشتی گواستنەوە
karamin jirgin ruwa

بەلەمی ماتۆڕی
kwalekwale

ماتۆڕ
babur

ئوتومبێلی پۆلیس
motar 'yansanda

ئوتومبێلی پێشبڕکێ
motar tsere

ئۆتۆمۆبیلی کرێ
motar haya

ئۆتۆمۆبیل هاوبەشکردن

....

tarayyar karamar mota

لۆری ڕاکێشکردن

....

babbar mota da ta lalace

لۆری زبڵ

....

motar shara

ماتۆڕ

....

mota

سووتەمەنی

....

mai

وێستگەی بەنزین

....

gidan mai

تابڵۆی هاتووچۆ

....

alamar titi

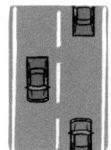

هاتووچۆ

....

zirga-zirga

ترافیک

....

cunkoson ababen hawa

شوێنی ڕاگرتنی ئۆتۆمۆبیل

....

wurin ajiye mota

وێستگەی شەمەندەفەر

....

tashar jirgin kasa

هێڵی ئاسن

....

filin tsere

شەمەندەفەر

....

jirgin kasa

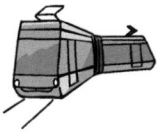

قەتاری سەرشەقام

....

jirgin kasa mai kyabil

داشقە

....

keken doki

هەلیکۆپتەر

helikwafta

فڕۆکەخانە

filin jirgin sama

بورج

hasumiya

نەفەر

fasinja

دەفر، کانتینەر

mazubi

کارتۆن

kwali

داشقە

amalanke

سەوەتە

kwando

هەڵفڕین / نیشتن

tashi / sauka

شار

birni

گوند، دێهات

kauye

ناوەندی شار

tsakiyar birni

ماڵ، خانوو

gida

سینەما
sinima
talla
CINEMA
چرای شەقام
fitilar titi
شەقام
titi
تاکسی
tasi
کیوسک
kantin kayan kwalama
پیادە
mai tafiya a kasa
daben hanya
پەڕینەوەی بەردەباز
tsallakawa
شوێنی پەڕینەوە
wurin tsallaka titi
دەفری زبڵ
mazubin shara
چرای ترافیک
fitilun bada-hannu

خانووچکە
bukka

نهۆم، باڵەخانە
shafaffe

وێستگەی شەمەندەفەر
tashar jirgin kasa

کۆشکی شارەوانی
dakin taro

مۆزەخانە
gidan kayan tarihi

قوتابخانە
makaranta

زانکۆ

jami'a

بانک

banki

نەخۆشخانە، خەستەخانە

asibiti

میوانخانە، هۆتێل

otal

دەرمانخانە

kantin magani

نووسینگە، فەرمانگە

ofis

کتێبفرۆشی

kantin littattafai

دووکان

kanti

گوڵفرۆشی

mai sayar da furanni

سوپەرمارکێت

babban kanti

بازار

kasuwa

فرۆشگا

kanti mai sassa

ماسیفرۆش

shagon sayar da kifi

ناوەندی کڕین

wurin sayayya

بەندەر

matsayar jiragen ruwa

پارک

ma'ajiyar motoci

کورسی درێژ

benci

پرد

gada

پێ پلیکان

kafar bene

ژێرزەوی

karkashin kasa

تونێل

ramin karkashin kasa

وێستگەی پاس

matsayar bas

مەیخانە

mashaya

ڕێستۆرانت

gidan abinci

سندووقی پۆست

akwatin sakonni

تابلۆی شەقام

alamar titi

پێوەری پارکینگ

mitar ajiye motoci

باخچەی ئاژەڵان

gidan namun daji

حەوزی مەلە

kwamin iyo

مزگەوت

masallaci

مەزرا
gona

پیسبوونی ژینگە
gurbata

قەبرستان، گۆڕستان
makabarta

کەنیسە
coci

شوێنی یاری
filin wasanni

پەرستگا
dakin bauta

دیمەن

fadin kasa

گەڵا
ganye
تابڵۆی ڕێنیشاندەر
turken alama
ڕێگا
hanya
makiyaya
بەرد
dutse
دار
bishiya
شاخەوان
mai tattaki
ڕووبار، چەم
korama
گژوگیا
ciyawa
گوڵ
fure

دۆڵ، شیو

kwazazzabo

بەرزایی

tudu

دەریاچە

tafki

دارستان

daji

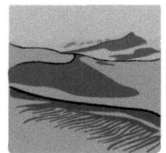

چۆڵەوار

hamada

بورکان

amon dutse

قەڵا

fada

کۆلکەزێڕینە

bakan-gizo

کارگ

malafar jaki

دارخورما

bishiyar kwakwar manja

مێشوولە

sauro

مێشوولە

kuda

مێروولە

tururuwa

مێش هەنگوین

zuma

جاڵجاڵۆکە

gizo

قالۆنچە

burgunguma

بۆق

kwado

سمۆرە

kurege

ژیشک

bushiya

کەروێشکە کێوی

zomo

کوند

mujiya

باڵەندە

tsuntsu

قازی سپی

agwagwar ruwa

بەرازی کێوی

aladen daji

ئاسک

namijin barewa

بزنە کێوی

kanki

بەنداو

dam

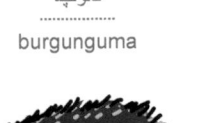

تۆربینی با

lantarki mai iska

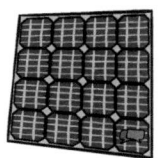

پەڕەی خۆری

farantin hasken rana

ئاوو هەوا

yanayi

ڕێستۆرانت

gidan abinci

خزمەتکار
sabis
لیستە، پێڕست
کورسی
kujera
سووپ، شۆرباو
miya
پیتزا
fiza
سفرە
kyallen rufe tuburi
چەقۆ و چەتاڵ
wuka da cokula

خواردنی دەستپێک

makunni

خواردنی سەرەکی

babban abinci

دێسێر

kayan zaki

خواردنەوە

kayan sha

خواردن

abinci

بوتڵ

kwalba

خواردنی خێرا

abincin tafi-da-gidanka

خواردنی سەرشەقام

abincin titi

قۆری

tukunyar shayi

قوتووی شەکر

kwanon sikari

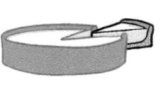

بەش

gutsire

ئامێری سازکردنی قاوەی ئێسپرەسۆ

injin hada kofi

کورسی بەرز

kujera mai tudu

تێچوو

doka

کەشەف

tire

چەقۆ

wuka

چنگاڵ

cokali mai yatsu

کەوچک

cokali

کەوچکی چا

cokalin shayi

دەسماڵ

kyallen cin abinci

لیوان، پەرداخ

gilashi

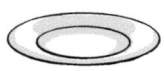

قاپ، دەوری، دەفر

....

faranti

قاپی شۆرباو

....

farantin miya

ژێرپیاڵە

....

farantin kofi

سۆس

....

hadin dandano

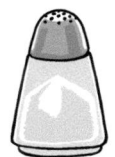

خوێدان

....

mazubin gishiri

هاڕەری بیبار

....

abin nikan yaji

سرکە

....

lamurje

ڕۆن

....

mai

بەهارات

....

kayan dandano

دۆشاوی تەمات، سۆسی تەماتە

....

miyar tumatir

سۆسی موستارد

....

mustad

سۆسی مایۆنێز

....

mayonnaise

سوپەرمارکێت
babban kanti

داشکاندنی تایبەتی
tayin musamman
FOR
abokin ciniki
شیرەمەنی
matatsar nono
میوە
kayan marmari
داشقە
abin daukar kaya

دووکانی قەسابی

na mahauci

نانەواخانە

shagon mai burodi

کێشان

auna nauyi

سەوزی

kayan lambu

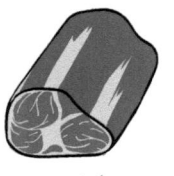

گۆشت

nama

خواردنی بەستوو

darkararren abinci

گۆشتی سارد

nama mai sanyi

خواردنی کۆنسێرو

abincin gwangwani

دەرمانی بشۆر

garin sabulun wanki

شیرینی

alewa

بەرهەمی خۆماڵی

kayan amfanin gida

بەرهەمی خاوێنکردنەوە

kayan tsafta

فرۆشیار

mai sayarwa

ژمێرەر

haro

ژمێریار، خەزەندار

mai biyan kudi

لیستی کڕین

jerin kayan sayayya

کاتی دەوام

sa'o'in budewa

کیسەباخەڵ، جزدان

alabe

کارتی قەرز

katin banki

توورەکە، کیسە

jaka

توورەکە

jakar roba

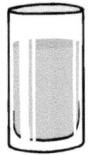

خواردنەوە
kayan sha

ئاو

ruwa

شەربەت

ruwan 'ya'yan itace

شیر

madara

خەڵووز

coke

شەراب

barasa

بیرە

giya

ئەلکوڵ

barasa

کاکاو

koko

چایی، چا

shayi

قاوە

kofi

قاوەی ئێسپرێسۆ

bakin kofi

کاپوچینۆ

kofi mai madara

خواردن

abinci

مۆز

....

ayaba

سێو

....

tufa

پرتەقاڵ

....

lemon zaki

کاڵەک

....

kankana

لیمۆ

....

lemon tsami

گێزەر

....

karas

سیر

....

tafarnuwa

حەیزەران

....

gora

پیاز

....

albasa

کارگ

....

kunnen-jaki

سەموونە، گوێز، ناوکە

....

dangin gyada

نووڈڵ

....

dangin taliya

ماکارۆنی

....

sufageti

برینج

....

shinkafa

زەلاتە

....

man salak

چیپس

....

sala-sala

پەتاتەی برژاو، پەتاتەی سوورۆکراو

....

soyayyen dankali

پیتزا

....

fiza

هەمبرگێڕ

....

hambaga

ساندویچ، دۆندرمە

....

sanwich

پارچە گۆشت

....

kwan nama

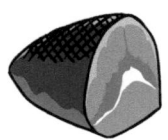

گۆشتی بەراز

....

naman alade

گۆشتی بەراز

....

salami

سۆسیس

....

kilishin turawa

مریشک

....

kaza

برژاندن، نرژان

....

gashi

ماسی

....

kifi

شۆرباوی ساوار

kamun oats

دانەوێڵەی تێکەڵ

muesli

دانەی دانەوێڵە

kwamfiles

ئارد

fulawa

کرۆسانت، نانێکی فەرەنسی

fanke

نانی خڕ

yankan burodi

نان

burodi

نانی برژاو

gashi

بسکیت

biskit

کەرە، ڕۆنی کەرە

bota

سەرتوێژ، توێژ

man shanu

کەیک

kek

هێلکە

kwai

هێلکەی برژاو

soyayyen kwai

پەنیر

cuku

بهستهنی، دۆندرمه

askirim

شهکر

sikari

ههنگوین

zuma

مرهبا

jam

خامهی نۆگات

cakuletin shafawa

بههارات

kori

مەزرا

gona

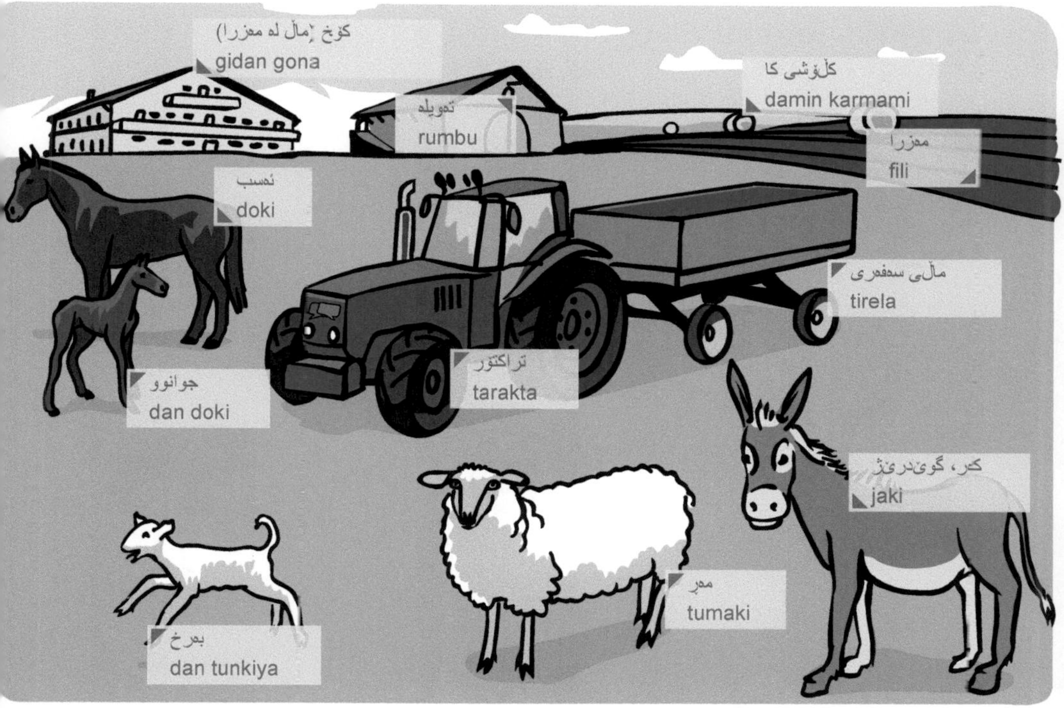

کۆخ (ماڵ له مەزرا)
gidan gona
تەویلە
rumbu
کڵۆشی کا
damin karmami
مەزرا
fili
ئەسب
doki
ماڵی سەفەری
tirela
تراکتۆر
tarakta
جوانوو
dan doki
کەر، گوێدرێژ
jaki
مەڕ
tumaki
بەرخ
dan tunkiya

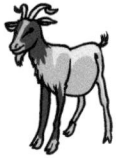

بزن
....
akuya

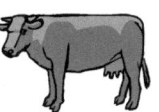

مانگا
....
saniya

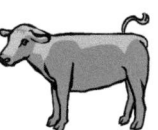

گوێلک
....
maraki

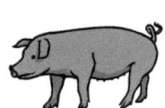

بەراز
....
alade

فەرخە بەراز
....
dan alade

جوانەگا
....
bajimi

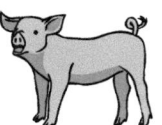

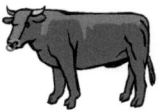

قاز

dinya

مراوی

agwagwa

جووچک

dan tsako

مریشک

kaza

کەڵەشێر

zakara

جرج

bera

پشیلە

kyanwa

مشک

bera

گا

takarkari

سە، سەگ

kare

کونە سە

dakin kare

سۆندە

bututun lambu

تونگەی ئاودان

bokitin ban-ruwa

ماڵەغان

ashasha

گاسن

garma

داس

lauje

مەرە

fartanya

شەنە

cebur mai yatsu

تەور

gatari

عارەبانەی دەستیی

wilbaro

دەفری خواردنی ئاژەڵان

mazubin abincin dabbobi

دەفری شیر

gwangwanin madara

تەلیس

buhu

پەرژین

shinge

تەویلە

barga

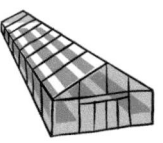

گوڵخانە

koren-gida

خۆڵ

rairai

دەنک، تۆک

iri

پەین

taki

کۆمباین

injin girbi da sussuka

دروێنەکردن

girbe

خەرمان

girbi

پەتاتە

doya

گەنم

alkama

لووبیا، فاسۆلیا

waken soya

پەتاتە

dankali

گەنمەشامی

dawa

جۆرێک دەخڵودان

furen mai

داری بەری

bishiyar kayan marmari

سێوبنەعەرزیلە

rogo

دانەوێلەی تێکەڵ

hatsi

ماڵ، خانوو

gida

دووکەڵکێش
bututun hayaki
سەربان
rufin daki
bututun magudana
پەنجەرە
taga
gareji
زەنگی دەرگا
kararrawar kofa
دەرگا
kofa
دەفری زبڵ
kwandon shara
سندووقی نامە
akwatin wasiku
باخ
lambu

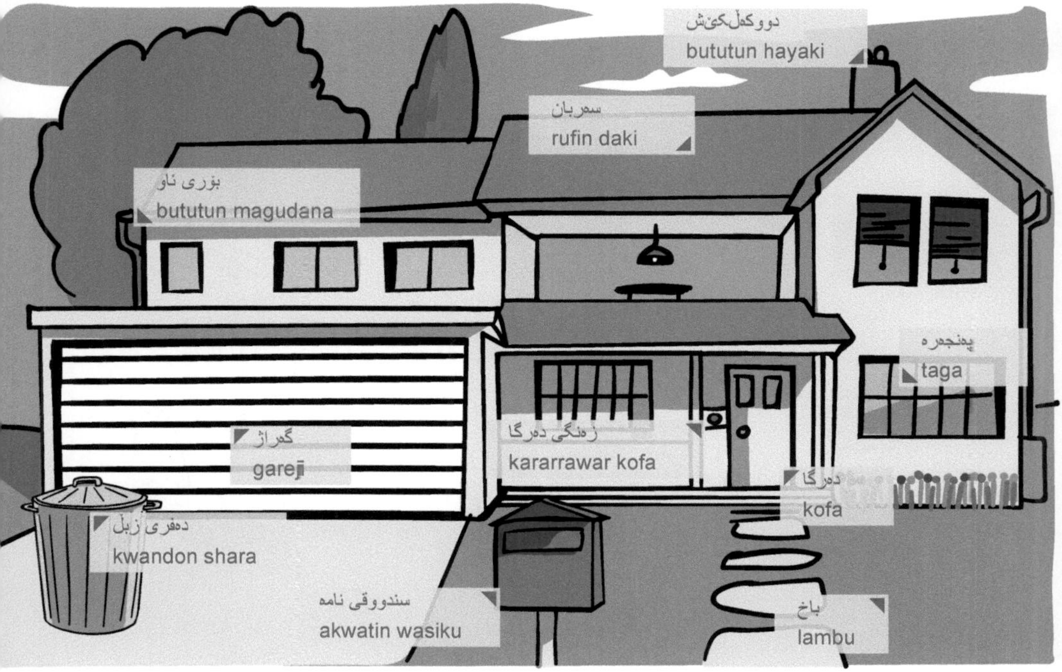

ژووری دانیشتن

falo

حەمام، ئاودەستخانە

dakin wanka

چێشتخانە

kicin

ژووی خەو

dakin kwana

ژووری منداڵ

dakin yaro

ژووری نانخوارن

dakin cin abinci

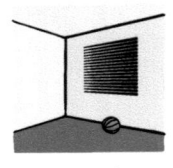

دالان، ئەرز

dabe

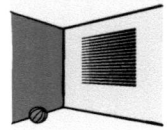

دیوار

bango

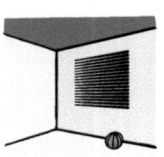

بن میچ

sili

ژێرزەمین

dakin karkashin kasa

ساونا

wurin wankan dumi

باڵکۆن، هەیوان

barandar bene

هەیوان

baranda

حەوز، مەلەوانگە

gulbin ninkaya

گژوگیابڕ

injin yanke ciyawa

مەلافە

kwano

مەلافەی نوێن

zanen gado

پێخەف، نوێن

gado

گسک

tsintsiya

سەتڵ

bokiti

سویچ، کلیل

makunni

ژووری دانیشتن

falo

کاغەزی دیواری
takardar bango
وێنە
hoto
لامپ، چرا، گڵۆپ
fitila
ڕەفە
kantar littattafai
kabed
تەلەفیزیۆن
talbijin
ئاگردان
wurin wuta
گوڵ
fure
باڵەنج، سەرین
kushin
سۆفا
babbar kujera
گوڵدان
gilashin fure
کۆنترۆڵ لە ڕێگەی دوور
rimot

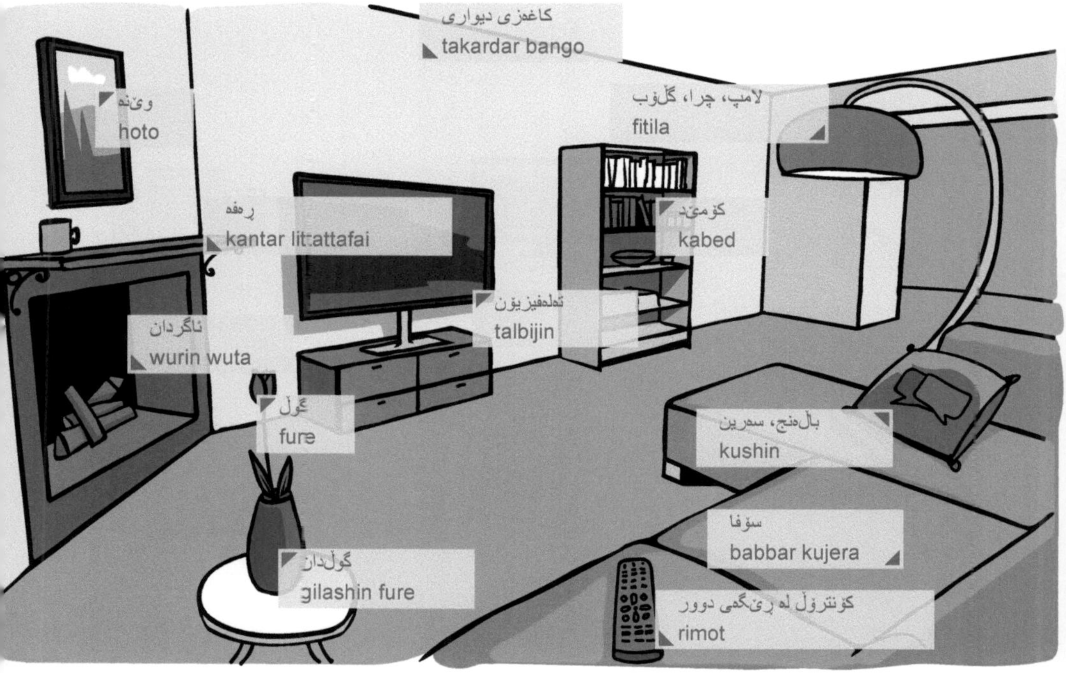

فەرش

darduma

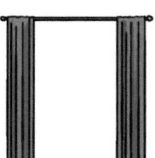

پەردە

labule

مێز

teburi

کورسی

kujera

کورسی ڕاژاندن

kujera mai shillo

کورسی دەسکدار

kujera mai hannu

کتێب
....
littafi

پەتوو، بەتانی
....
bargo

ڕازاندنەوە
....
kwalliya

داری سووتاندن
....
itacen girki

فیلم
....
fim

ستێریۆ
....
kayan hi-fi

کلیل
....
makulli

ڕۆژنامە
....
jarida

نیگار، نیگارکێشان
....
zanen fenti

پۆستەر
....
fasta

ڕادیۆ
....
rediyo

تیانووس
....
takardar rubutu

گسکی کارەبایی
....
na'urar share darduma

کاکتووس
....
murtsunguwa

مۆم
....
kyandir

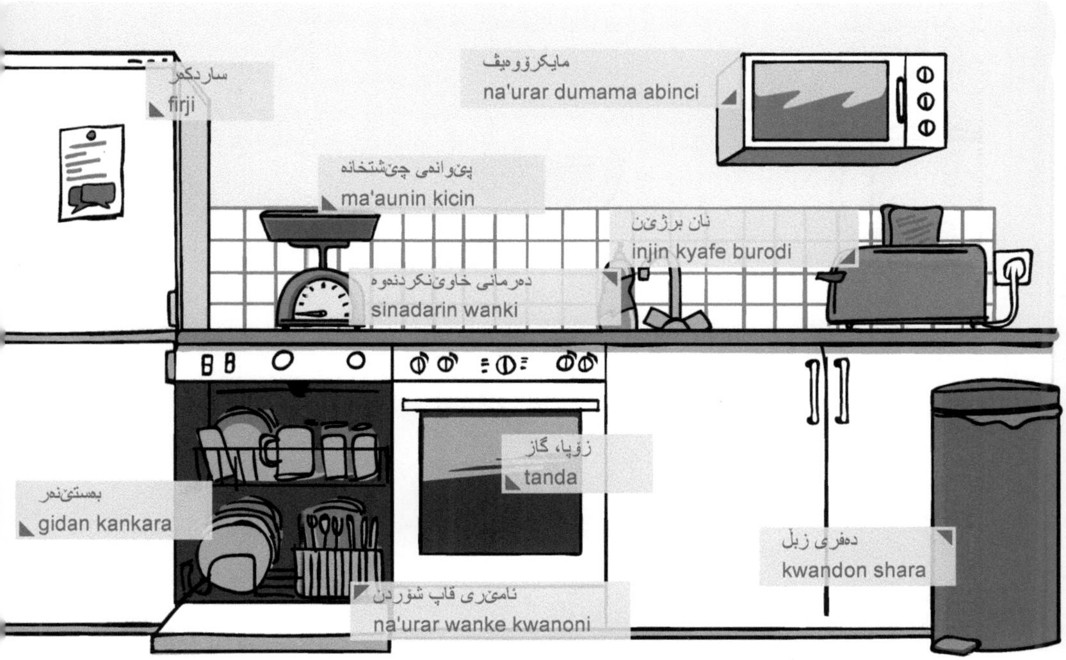

چێشتخانە
kicin

ساردکەر
firji
مایکرۆوەیڤ
na'urar dumama abinci
پێوانەی چێشتخانە
ma'aunin kicin
نان برژێن
injin kyafe burodi
دەرمانی خاوێنکردنەوە
sinadarin wanki
زۆپا، گاز
tanda
بەستێنەر
gidan kankara
دەفری زبڵ
kwandon shara
ئامێری قاپ شۆردن
na'urar wanke kwanoni

چێشتلێنەر

cooker

مەنجەڵ

tukunya

قاپی ئوتوو

tukunyar alminiyum

تاوەی قووڵ

kwanon suya

تاوە

kwanan suya

کتری، ئاوگەمکەر

buta

چێشتخانە - kicin 35

چێشتلێنەری هەڵمی

tukunyar dumi

کەشەفی نانکردن

kwanan gashi

قاپ و قاچاغ

kayan tangaran

کۆپ

tambulan

قاپ

kwano

چیلکەی نانخواردن

tsinkayen cin abinci

ئەسکوێ

ludayi

کەوگیر

ludayin suya

گسک

makadin kwai

سووزمە

rariya

بێژنگ

mataci

ئامێری جنینی پەنیر و سەوزە

na'urar nika

دەستار

turmi

برژاندن

balangu

ئاگر

wutar sarari

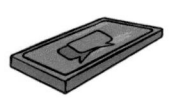

تەختەی وردکردن

katakon yanke-yanke

تیرۆک

katakon murji

بورغی فلین

mabudin kwalba

قوتوو

gwangwani

قوتووکەرەوە

mabudin gwangwani

دەسرەی مەنجەڵ

hannun tukunya

دەستشۆر

wurin wanke-wanke

فڵچە

burushi

ئیسفەنج

soso

تێکەڵکەر

bilenda

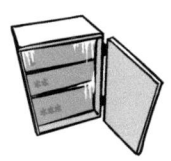

قەرسی

babban gidan kankara

شووشە شیر

bulumboti

شێری ئاو

famfo

حەمام، ئاودەستخانە

dakin wanka

زۆپا/گەرمکەر
bada dumi
دووشی ئاو، خورژم
shaya
خاولی
tawul
پەردەی حەمام
کەفی حەمام
wankan kumfa
حەوزی حەمام
kwamin wanka
لیوان، پەرداخ
gilashi
ئامێری دەفرشوتن
injin wanki
شێری ئاو
famfo
کاشی
tayil
ئاودەستی منداڵان
fo
دەسشۆر
wurin wanke-wanke

ئاودەست، توالێت

bandaki

توالێتی نزم، ئاودەست

bandakin tsuguno

جۆرێک توالێت

kwamin tsarki

توالێت، ئاودەست

wurin fitsari

کاغەزی ئاودەستخانە

takardar bandaki

فڵچەی ئاودەستخانە

burushin bandaki

38 حەمام، ئاودەستخانە - dakin wanka

فڵچەی ددان

burushin hakori

خەمیری ددان

man hakori

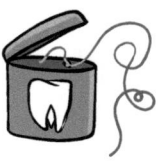

بەنی ددان

zaren sakace

شۆردن، شوتن

wanke

خورژمی دەستی

shayar hannu

دووش

wankin farji

کاسەی دەستوچاوشوتن

kwamin wanke hannu

فڵچەی پشت

burushin wanke baya

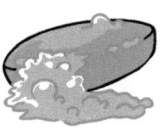

سابوون

sabulu

جێڵی خۆشوتن

ruwan sabulun wanka

شامپۆ

man gyaran gashi

فلانێل

tsumman wanka

ئاوەڕۆ

lambatu

کرێم

kirim

بۆنخۆشکەرە

turaren kamshi

ئاوێنە
....
madubi

ئاوێنەی دەستی
....
madubin hannu

مەکینەی ڕیش تاشین
....
reza

سابوونی ڕیش تاشین
....
man yaran fuska

کرێمی دوای ڕیش تاشین
....
man aski

شانە
....
mataji

فڵچە
....
burushi

سێشوار، سەرئیشککەرەوە
....
na'urar busar da gashi

سپرەی قژ
....
man gashi

سووراوسپیاو
....
kwalliya

سووراو
....
jan-baki

ڕەنگی نینۆک
....
man farce

لۆکە
....
audugar goge kunne

مەقەستی نینۆک
....
almakashin yankan farce

عەتر
....
turare

کیسەی حەمام

....

jakar wanka

کورسی بێ پشت

....

bahaya

پێوەر

....

ma'aunin nauyi

خاولی حەمام

....

rigar wanka

دەستەوانەی چەرم

....

safar roba

تامپۆن

....

audugar haila

خاولی خاوێنکردنەوە

....

audugar mata

ناودەستی کیمیایی

....

bandakin tafi-da-gidanka

ژووری منداڵ

dakin yaro

سەعاتی زەنگدار
agogo mai kararrawa
yartsanar tsumma
ماشێنی یاری
motar wasan yara
kara
خانووی بووکەشووشە
gidan 'yartsana
دیاری
kyauta

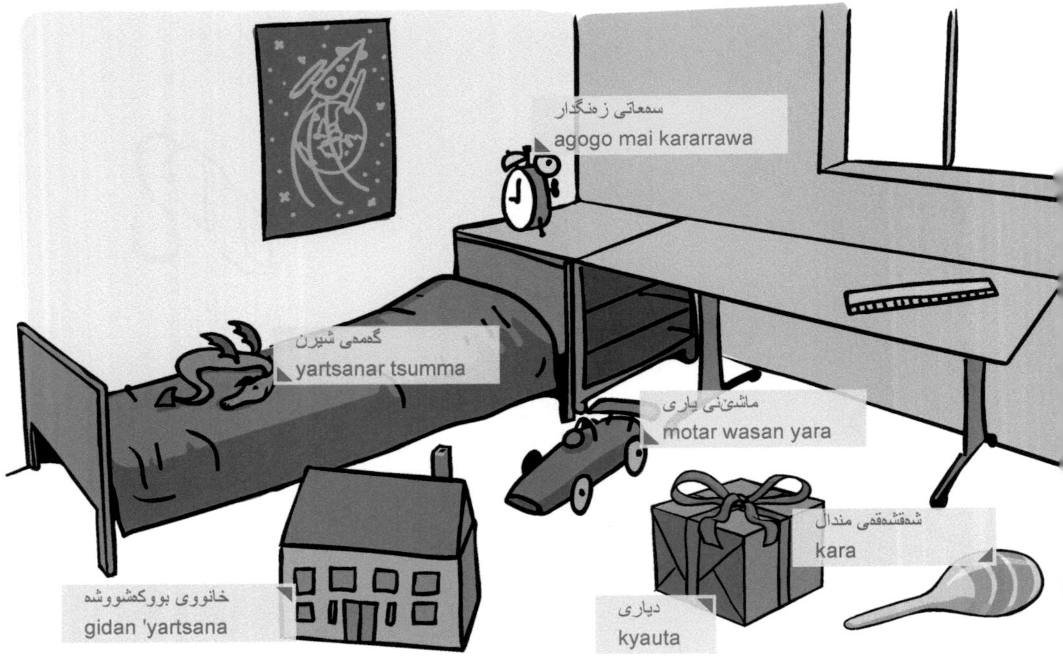

باڵۆن
balo

پێخەف، نوێن
gado

داشقەی منداڵ
keken jarirai

گەمەی کارت
benen kwalaye

مەتەڵ، مەتەڵۆک
wasa kwakwalwa

کۆمێدی
ban dariya

خشتی لێگۆ

tubalan roba

خشتی یاری

tubalan gini

بووکە شووشە

mutum-mai-aiki

جلی منداڵ

rigar jariri

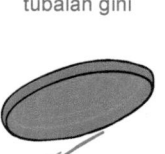

یاری فریزبی

Dokin iska

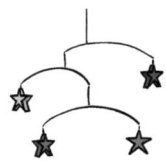

بزۆک، جووڵێنراو

tafi-da-gidanka

یاری تەختە

wasan dara

مۆرە

dan ludo

مۆدێلی شەمەندەفەر

zubin kwatancin jirgin kasa

مەمکە مژە

mutum-mutumi

میوانی، جەژن

walima

کتێبی وێنەدار

littafi mai hotuna

تۆپ

kwallo

بووکەشووشە

yartsana

کایە کردن، یاری کردن

yi wasa

قۆرتی خیزوخۆڵ

akwatin yashi

جۆلانە

lilo

کایەی منداڵان، یاری منداڵان

kayan wasan yara

گەمەی ویدیۆیی

allon wasannin bidiyo

سێچەرخە

babur mai taya uku

ورچی یاری

yartsanar tsumma

کەنتۆر

wadirob

جلوبەرگ

tufafi

گۆرەوی

safa

گۆرەوی درێژ

sitokins

گورەوی درێژ

matse-jiki

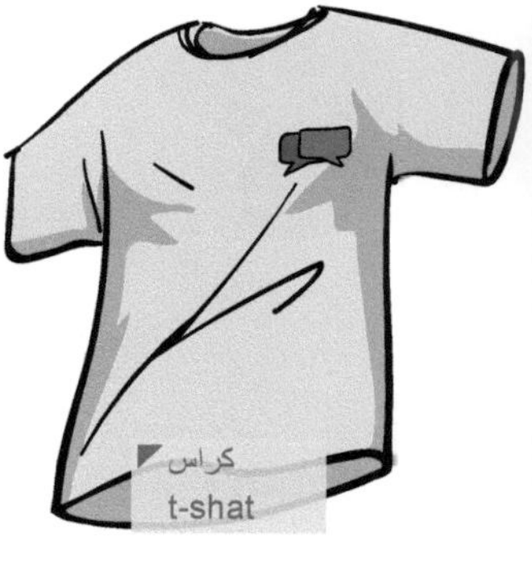

شاڵی مل
adiko

چەتر
lema

کراس
t-shat

قایش، پشتێن
belet

چەکمە، پۆتین
takalman aiki

پێڵاو
takalman wasa

پێڵاوی ماڵ
takalman s lifas

پاپوچ

takalman sandal

کەوش، پێڵاو

takalma

چەکمەی چەرم

takalman roba

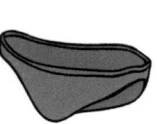

پانتۆڵی ژێرەوە

kamfai

ستیان، سوخمە

rigar nono

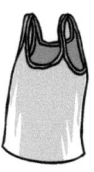

جلیسقە

falmaran

جەستە، لەش

jiki

پانتۆڵ

wando

پانتۆڵ

jeans

دامەن، تەنوورە

dantofi

کراس

rigar mata

کراس

karamar riga

بلووز

riga mai hula

بلووز

hular riga

چاکەت

bileza

چاکەت

jaket

باڵتە

kwat

بارانی

rigar ruwa

پۆشاک

kayan yayi

کراسی ژنانە

kayan sawa

جلی زەماوەند

rigar aure

چاکەت و پانتۆڵ

kwat da wando

جلی خەو

rigar dare

جلی خەو

kayan barci

ساری

sari

لەچکە

dankwali

جەمەدانە، سەرپێچ

rawani

بۆرکا

hijabi

کەفتان

kaftani

عەبا

abaya

جل و بەرگی مەلەکردن

rigar iyo

پانتۆڵی مەلە

wandon wasa

پانتۆڵی کورت

gajeran wando

جلوبەرگی ڕاهێنان

kayan wasanni

بەروانکە، بەرکوشە

kyallen aiki

دەستەوانە

safar hannu

دوگمه

maballi

چاویلکه

tabarau

بازنه

awarwaro

ملوانکه

tsakiya

ئەنگوستیله

zobe

گواره

dan kunne

کڵاو

hula

داری جل هەڵواسین

maratayin kwat

کڵاو

malafa

بۆینباخ

lakataya

زیپ

zi

کڵاوی پارێزەر

hular kwano

هەڵگر

masu daidaita hakori

جلی قوتابخانه

kayan makaranta

یەکپۆش

yunifom

بەرلیکە، بەرکۆشی منداڵ

kyallen cin abincin jariri

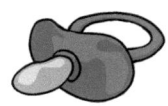

مەمکە مژە

mutum-mutumi

دایبی، پەڕۆشۆر

kunzugu

نووسینگە، فەرمانگە

ofis

saba
دۆلابی بەڵگە
kabed din fayiloli
چاپکەر
na'urar dab'i
کاغەز
takarda
مۆنیتۆر، پیشانگەر
fuskar kwamfuta
ماوس
mouse
مێزی نووسین
babban teburi
بۆخچە
makunshi
تەختەکلیل
allon madannai
سەبەتەی کاغەز
kwandon shara
کۆمپیوتەر
kwamfuta
کورسی
kujera

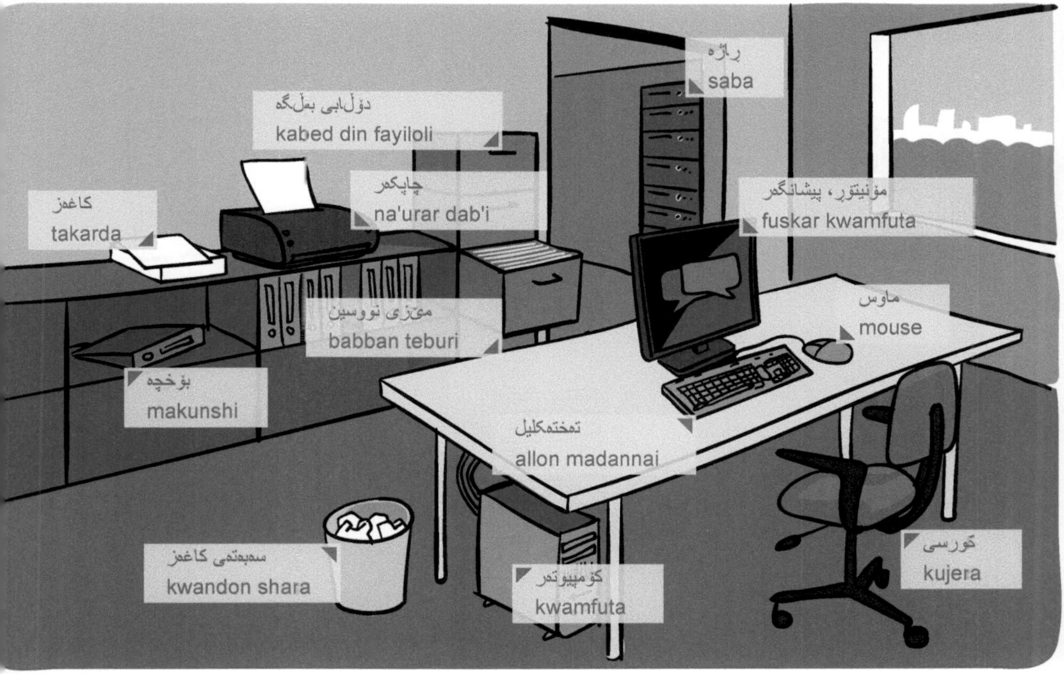

کۆپی قاوە

tambulan kofi

ژمێرەر

kwakuleta

ئینتەرنێت

intanet

لەپتۆپ

laptop

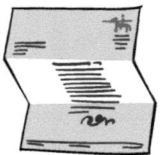

نامە

wasika

پەیام

sako

موبایل، تەلەفۆنی دەست

tafi-da-gidanka

تۆڕ

sadarwa

ئامێری لەبەرگرتنەوە، کۆپیکەر

na'urar hoton takarda

نەرمەکالا

kwakwalwar kwamfuta

تەلەفۆن

tarho

ساکێتی دووشاخە

jona soket

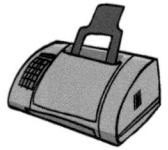

ئامێری فەکس

na'urar faks

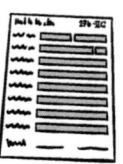

فۆڕم

fom

بەڵگە

daftari

کڕین
....
sayi

پارەدان
....
biya

بازرگانی، ئاڵوگۆڕکردن
....
yi ciniki

پارە، دراو
....
kudi

دۆلار
....
dala

یۆرۆ
....
euro

یەن
....
yen

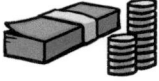

ڕوبڵی ڕووسی
....
robul

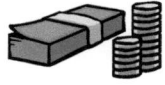

فرانکی سویسی
....
franc na Swiss

یوان، یەکەی دراوی چینی
....
renminbi yuan

ڕووپییە
....
rupee

مەکینەی پارە
....
injin bada kudi

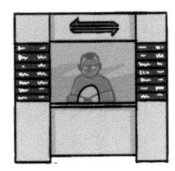

نووسینگەی گۆڕینەوەی دراو

gidan canjin kudi

زێڕ

zinare

زیو

azurfa

نەوت

mai

وزە

makamashi

بەها، نرخ

farashi

ڕێکەوتننامە

matuntuba

باج

haraji

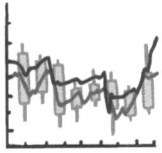

سەهام

kaya

کارکردن

yi aiki

کارمەند، کارکەر

ma'aikaci

خاوەنکار

mai daukar ma'aikata

کارخانە

masana'anta

دووکان

kanti

ئیشەکان
sana'o'i

فەرمانبەری پولیس
jami'in dansanda
ئاگرکووژێنەر
ma'aikaci kashe gobara
چێشتلێنەر
kuku
دکتۆر
likita
فڕۆکەوان
direban jirgin sama

باخەوان

mai aikin lambu

دارتاش، مەرەنگوێز

kafinta

خەییات

mace mai dinki

دادوەر

alkali

کیمیازان

mai hada magunguna

شانۆگەر، شانۆکار

jarumi

شۆفیری پاس

direban bas

شۆفیر تاکسی

direban tasi

ماسیگر

masunci

کڵفەت

mace mai shara

وەستای سەربان

mai aikin rufi

خزمەتکار

sabis

ڕاوچی

mafarauci

بۆیاخچی

mai fenti

نانکەر

mai yin burodi

کارەباچی

mai gyaran lantarki

بەننا

magini

ئەندازیار

injiniya

قەساب

mahauci

وەستای بۆری

mai gyaran famfo

پۆستەچی

mai raba wasiku

سەرباز

soja

نەخشەکێش

mai zayyanar gidaje

ژمێریار، خەزەندار

mai biyan kudi

گوڵفرۆش

mai sayar da furanni

ئارایشگەر

mai gyaran gashi

گەیێنەر

mai kida

میکانیک

bakanike

کەشتیوان

kyaftin

ددانساز، دوکتوری ددان

likitan hakori

زانا

masanin kimiyya

مەلای جوولەکان

limamin yahudu

ئیمام

liman

کەسی ئایینی

mai ibadar kirista

قەشە

malamin addini

ئامراز و کەرەستە

kayan aiki

چەکووش
guduma
پلایز
filaya
پێچبادەر
sikundireba
جەرەبادەر
sifana
مەشخەڵ
cocilan

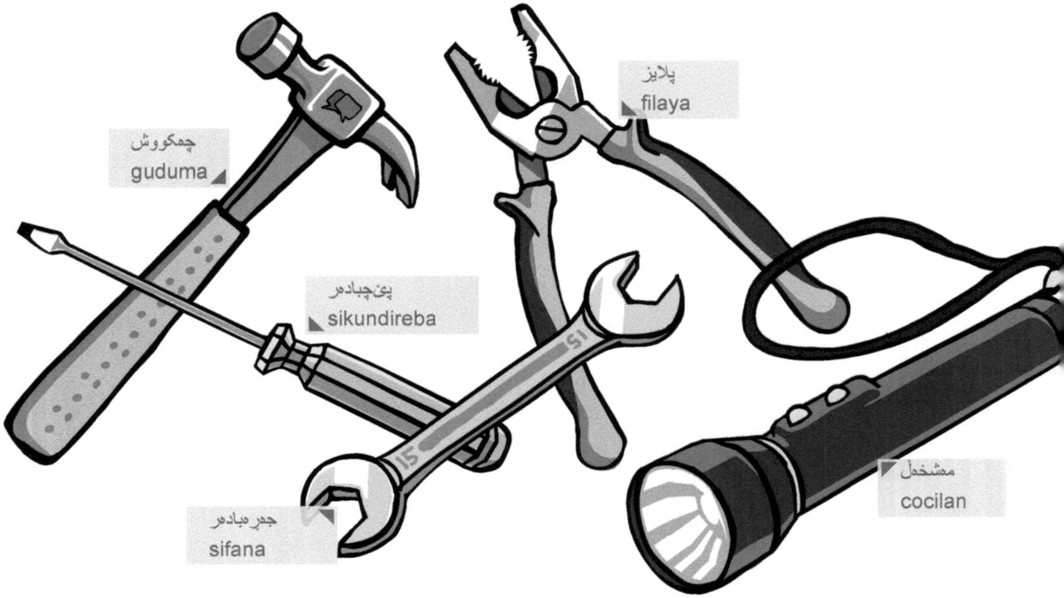

شۆفڵ
diga

سندووقی ئامراز
akwatin kayan aiki

پەیژە
tsani

مشار
zarto

بزمارەکان
kusoshi

کونکەرە
abin hudawa

چاککردنەوە
....
gyara

پێمەرە
....
chebur

نەفرەت!
....
Tafdi!

خاکەناز
....
makwashin shara

قتووی بۆیاخ
....
tukunyar fenti

پێچەکان، جەرەکان
....
kusoshi masu barima

ئامێرەکانی مووزیک
kayan kida

قسەکەر، بڵندگۆ
lasifika
tarkacen ganga
گیتار
jita
جۆرێ گیتار
rubin sauti
زوڕنا
begila

پیانۆ

fiyano

کەمانچە

goge

گیتار

karamin sauti

دەهۆڵ

gangunan timpani

تەپڵ

ganguna

تەختەکلیل

masarrafin fiyano

ساکسافۆن

saxophone

فلووت، شمشاڵ

sarewa

مایکرۆفۆن

makirfo

باخچەی ئاژەڵان

gidan namun daji

mashigi
damisar tiger
قەفەز
keji
jakin dawa

ئاژەڵەکان

dabbobi

فیل

giwa

کانگۆرۆ

babba-da-jaka

کەرکەدەن

karkanda

گۆریلا

goggon biri

ورچ

dabbar bear

وشتر
rakumi

وشترمریشک
jimina

شێر
zaki

مەیموون
biri

فڵامینگۆ
dinya

تووتی
aku

ورچی جەمسەری
bear ta yankin kankara

پێنگوین
penguin

قرش، سەگەماسی
kifin shark

تاووس
dawisu

مار
maciji

تیمساح
kada

پارێزەری باخچەی ئاژەڵان
mai tsaro zu

سەگی دەریایی
seal

پڵینگ
damisar jaguar

ئەسپی قەزەم
....
dukushi

پشیلەی پڵینگی
....
damisar leopard

ئەسپی ئاوی
....
mugun dawa

زەرافە
....
rakumin dawa

هەڵۆ
....
mikiya

بەرازی کێوی
....
aladen daji

ماسی
....
kifi

کیسەڵ
....
kunkuru

واڵڕاس، ئاژەڵێکی دەریایی
....
walrus

ڕێوی
....
dila

ئاسک
....
barewa

تۆپی پێی ئەمریکی
kwallon kafar Amurka

دووچەرخەی خورین
tseren keke

تێنیس
wasan tennis

تۆپی باسکه
kwallon kwando

مەلەکردن
ninkaya

بۆکسین
dambe

هۆکی سەر سەهۆڵ
kwallon gora na cikin kan

فووتبۆڵ
kwallon kafa

بەدمینتۆن
badiminton

وەرزشوان
wasannin motsa jiki

هەندباڵ
kwallon hannu

خلیسکین
wasan kan kankara

پۆلۆ
kwallon dawaki

چالاکیەکان
harkoki

پێکەنین
yi dariya
بازکردن
yi tsalle
لەباوەشگرتن، لەئامێزگرتن
rungumi
بەرێدارۆیشتن، پیاسەکردن
yi tattaki
گۆرانی خوێدن
re'a waka
خەون دیتن، خەون بینین
mafarki
پاڕانەوە، نوێژکردن
yi addu'a
ماچکردن
sumbaci

نووسین

rubuta

وێنەکێشان

zana

نیشاندان

nuna

پاڵ پێوەنان

tura

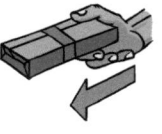

دان

bayar

هەڵگرتن

dauki

هەبوون

sami

کردن

yi

بوون

kasance

ڕاوەستان

tsaya

هەڵاتن

gudu

کێشان

jawo

هاویشتن

jefa

کەوتن

faduwa

درۆکردن

yi karya

چاوەڕێبوون

jira

هەڵگرتن

dauki

دانیشتن

zauna

جل لەبەرکردن

sanya tufafi

خەوتن

yi barci

لەخەو هەستان

farka

چاولێکردن

kalli

گریان

kuka

جەڵتەلێدان

bugi

قژداهێنان، شانەکردن

taje

قسەکردن

yi magana

تێگەیشتن

fahimci

پرسیارکردن، پرسین

tambayi

گوێڕاگرتن

saurari

خواردنەوە

sha

خواردن

ci

ڕێکوپێک کردن

tattare

خۆشویستن

yi soyayya

چێش لێنان

dafa

شۆفێریکردن

yi tuki

فڕین

tashi

کەشتیوانی
....
tafi a kwalekwale

حسابکردن، ژماردن
....
kwakuleta

خوێندنەوە
....
karanta

فێربوون
....
koyi

کارکردن
....
yi aiki

زەماوەندکردن
....
yi aure

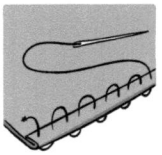

دورین، دورومانکردن
....
dinka

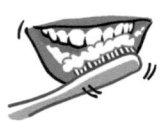

فڵچە لەددان دان
....
goge hakora

کوشتن
....
kashe

جگەرەکێشان
....
busa taba

ناردن
....
aika

دایمگەورە
kaka mace

باوەگەورە
kaka namiji

باوک، باب
uba

دایک
uwa

مندالی ساوا
jariri

کچ
ya

کور
da

میوان

bako

پوور

gwaggo

مام، خاڵ

kawu

برا

dan'uwa

خوشک

yar'uwa

جەستە، لەش

jiki

ناوچاوان، تویَڵ
goshi
چاو
ido
شان
kafada
قامک
yatsa
دەموچاو، ڕوومەت
fuska
چەنە
ha'ba
دەست
hannu
لاق
kafa
سنگ
nono
باسک، قۆڵ
damtse

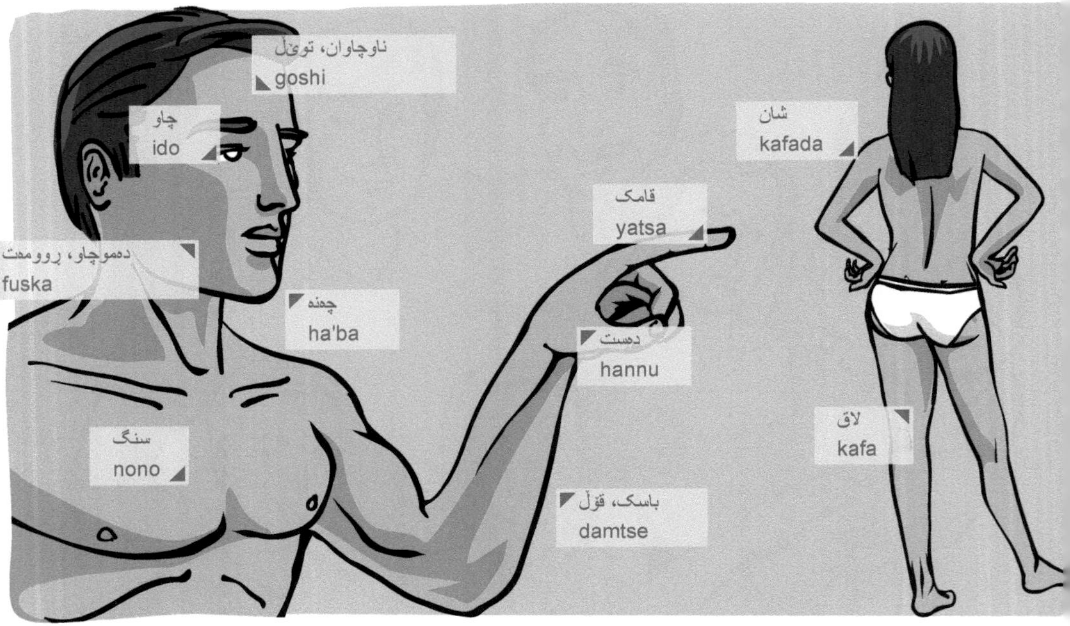

منداڵی ساوا

jariri

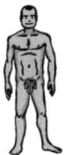

پیاو

mutum

ژن

mace

کچ

yarinya

کوڕ

yaro

سەر

kai

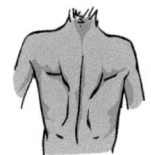

پشت

baya

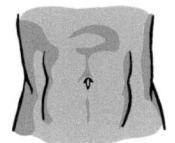

زگ

tulun ciki

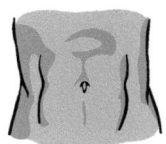

ناوک

maballin ciki

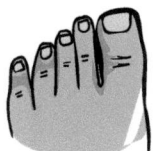

قامکی پێ

yatsan kafa

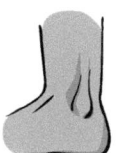

پاژنەی پێ

dudduge

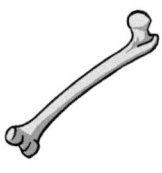

ئێسقان، ئێسک

kashi

سمت

kugu

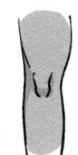

ئەژنۆ

guiwa

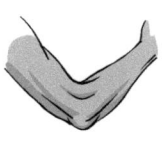

ئانیشک

guiwar hannu

لووت

hanci

قوون

kasa

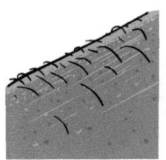

پێست

fata

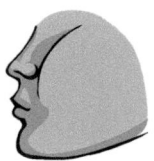

گوپ

kumatu

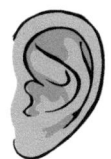

گوێ

kunne

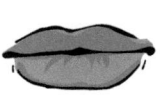

لێو

lebe

دەم، زار
wata

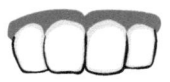

ددان
hakori

زمان
harshe

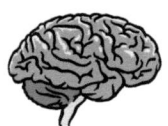

مێشک
kwakwalwa

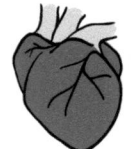

دڵ
zuciya

ماسوولکە
kwanji

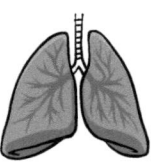

سیپەلاک، سی
huhu

جەرگ
hanta

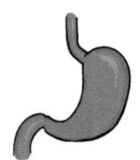

گەدە
ciki

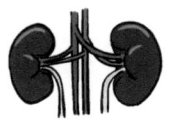

گورچیلە
koda

سێکس
jima'i

کۆندۆم
kwaroron roba

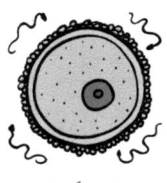

توو، گەرا
kwan mahaifa

تۆو
maniyyi

دووگیانی
juna-biyu

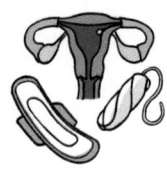

کەوتنە سەر خوێن

....

haila

زێ

....

farji

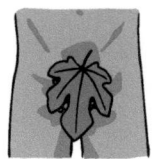

کێر

....

zakari

برۆ

....

gira

قژ

....

gashi

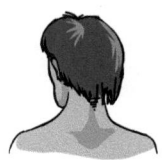

مل

....

wuya

نەخۆشخانە، خەستەخانە
asibiti

asibiti
ئامبولانس
motar asibiti
کورسی کەمئەندامان
kujerar guragu
شکانی ئێسک
karaya

دکتۆر

likita

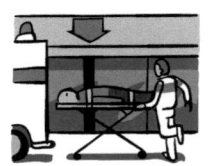

ژووری فریاکەوتن

dakin kulawar gaggawa

نەخۆشوان

ma'aikaciyar jinya

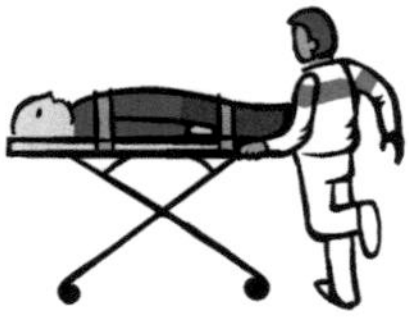

ئورژانس، بەشی فریاکەوتن

na gaggawa

بێهۆش

magashiyyan

ژان، ئێش

radadi

برینداری

rauni

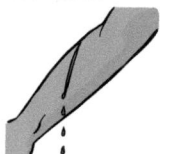

خوێنڕێژی

zubar jini

جەڵتەی دڵ

bugun zuciya

جەڵتە

bugun jini

ئالێرژی، هەستیاری

kyan-jiki

کۆخە

tari

تا

zazzabi

ئەنفلۆنزا

mura

زگچوون

gudawa

سەرێشە، ژانەسەر

ciwon kai

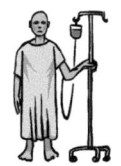

سەرەتان

cutar sankara

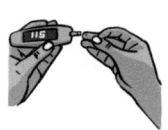

شەکرە

ciwon suga

نەشتەرگەر

likitan tiyata

نەشتەر، چەقۆی توێکاری

wukar likita

نەشتەرگەری

tiyata

CT

CT

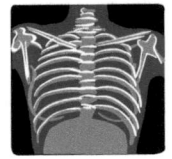

تیشکی ئێکس

hoton kirji

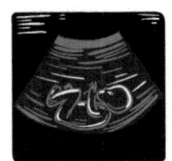

ئوڵتراساوند

hoton ciki

ماسکی ڕوومەت

marufin fuska

نەخۆشی

cuta

ژووری چاوەڕێبوون

dakin jira

گۆچان

madogari

مشەما

filasta

برین پێچ

bandeji

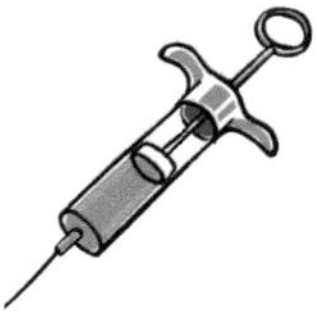

دەرزی لێدان

allura

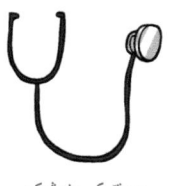

بیستۆکی پزیشک

na'urar awon zuciya

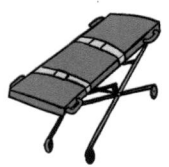

داربەست

gadon daukar marar lafiya

گەرماپێوی کلینیکی

na'urar auna zafin jiki

لەدایکبوون

haihuwa

زیادەکێشد/قەڵەویی

yawan nauyi

بیستۆک

abin kara ji

میکرۆبکوژ

sinadarin kashe kwayoyin
cuta

چڵک

kamuwar cuta

ویروس

kwayar cuta

ئەیدز

Cutar Kanjamau

دەرمان

magani

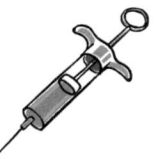

کوتان

riga-kafi

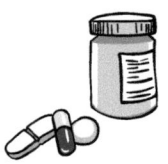

حەب

kwayoyin magani

حەب

magani

تەلەفۆنی فریاکەوتن

kiran gaggawa

پیشانگەری پەستانی خوێن

ma'aunin hawan jini

نەخۆش / سڵامەت

cuta / lafiya

ئورژانس، بەشی فریاکەوتن

na gaggawa

یارمەتی!

Taimako!

ئاگادارکردنەوە، ئەلارم

kararrawa

دەستدرێژی

farmaki

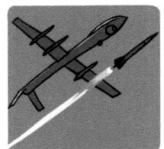

هێرشکردن

hari

مەترسی

hatsari

چوونەدەرەوەی ئورژانس

kofar ko-takwana

ئاگر!

Wuta!

ئاگرکوژێنەوە

abin kashe wuta

ڕووداو، پێشهات

hadari

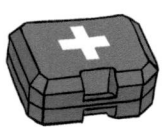

قوتووی یارمەتی فریاکەوتن

kayan taimakon gaggawa

SOS

Neman taimako

پولیس

dansanda

Kasa

ئەورۆپا
....
Turai

ئەمریکای باکوور
....
Amurka ta Arewa

ئەمریکاری باشوور
....
Amurka ta Kudu

ئافریقا
....
Afirka

ئاسیا
....
Asiya

ئوسترالیا
....
Australia

ئەتڵەسی، ئۆقیانووسی ئەتڵەسی
....
Atlantika

زەریای هێمن
....
Pacific

ئۆقیانووسی هیندی
....
Tekun Indiya

ئۆقیانووسی جەمسەری باشوور
....
Tekun Antatika

ئۆقیانووسی جەمسەری باکوور
....
Tekun Arctic

جەمسەری باکوور
....
Barin duniya na Arewa

جەمسەری باشوور

Barin duniya na Kudu

ناوچەی جەمسەری باشوور

Antatika

ئەرز، زەوی

Kasa

خاک، وشکانی

tsandauri

دەریا، زەریا

kogi

دوورگە

tsibiri

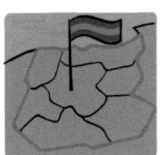

گەل، نەتەوە

kasa

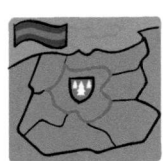

وڵات، پارێزگا، دەوڵەت

jiha

روخساری کاتژمێر

fuskar agogo

نیشاندەری کاتژمێر

hannun awa

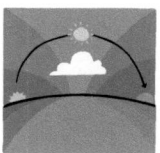

نیشاندەری خولەک

hannun mintuna

دەستی دوو

hannun dakika

کاتژمێر چەندە؟، سەعات چەندە؟

Karfe nawa yanzu?

ڕۆژ

rana

کات، زەمان

lokaci

ئێستا، هەنووکە

yanzu

کاتژمێری دیجیتاڵی

agogon dijita

خولەک

minti

کاتژمێر

awa

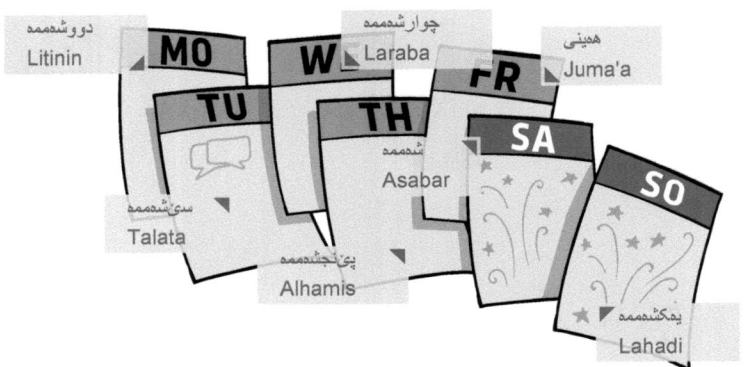

هەفتە

mako

دووشەممە
Litinin
چوارشەممە
Laraba
هەینی
Juma'a
SA
شەممە
Asabar
سێشەممە
Talata
پێنجشەممە
Alhamis
یەکشەممە
Lahadi

دوێنێ
jiya

ئەمڕۆ، ئەورۆ
yau

سبەینێ
gobe

بەیانی
safiya

نیوەڕۆ
tsakar rana

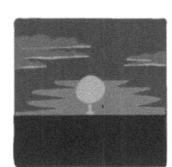

ئێوارە
yamma

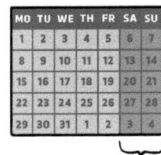

ڕۆژی کار
ranakun kasuwanci

کۆتایی هەفتە
karshen mako

سالٌ

shekara

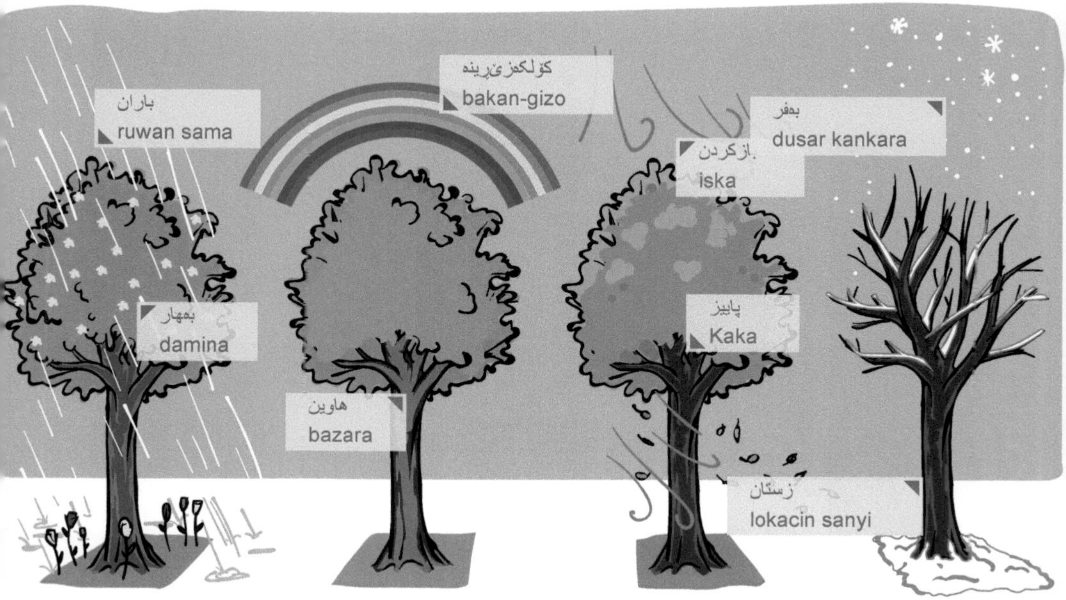

باران
ruwan sama
کۆلکەزێڕینە
bakan-gizo
بەفر
dusar kankara
بازکردن
iska
damina
پاییز
Kaka
bazara
زستان
lokacin sanyi

4.APRIL 11°
5.APRIL 4°
6.APRIL 13°
7.APRIL 8°
8.APRIL 10°

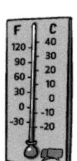

پێشبینی هەوا

hasashen yanayi

گەرماپێو

na'urar gwajin zafi da sanyi

خۆرەتاو

hasken rana

هەور

gajimare

تەمومژ

hazo

تەڕایی

dumi

هەورەتریشقە، بروسکە

walkiya

هەورەگرمە

aradu

باوبۆران، تۆفان

guguwa

تەرزە

kankarar ruwan sama

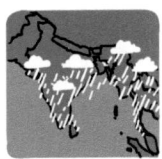

مانسوون

iskar bazara

لافاو

ambaliyar ruwa

سەهۆڵ

kankara

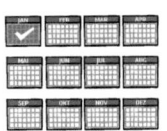

جانیەوەری

Janairu

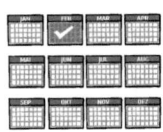

فێبریوەری

Fabarairu

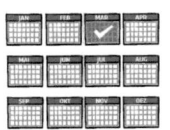

مارچ

Maris

ئەپریل

Afirilu

مەی

Mayu

جوون

Yuni

جوولای

Yuli

ئۆگۆست

Agusta

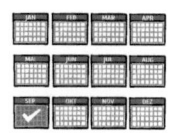

سیَپتەمبەر

Satumba

ئۆکتۆبەر

Oktoba

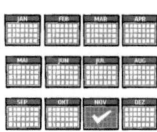

نۆڤەمبەر

Nuwamba

دیَسەمبەر

Disamba

شیێوەکان

siffofi

بازنە

da'ira

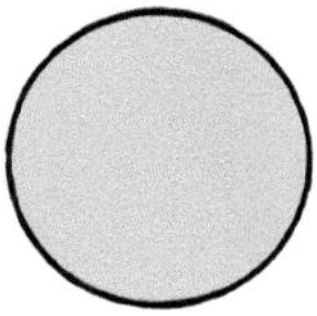

چوارگۆشە

murabba'i

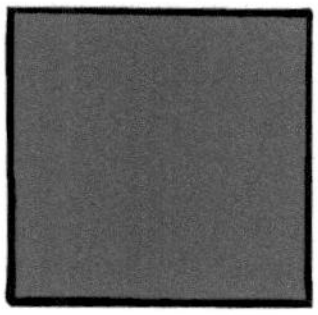

چوارگۆشەی دریَژ

kusurwa hudu

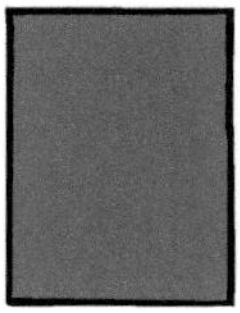

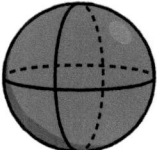

سیَگۆشە

kusurwa uku

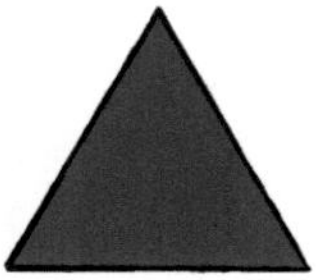

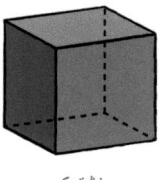

تۆپ، گۆ

mulmulalle

خشتەک

dunkule

ڕەنگەکان
launuka

سپی
....
fari

زەرد
....
rawaya

پرتەقاڵیی
....
ruwan lemo

پەمەیی
....
ruwan shanshanbali

سوور
....
ja

بنەوش
....
garura

شین
....
shudi

سەوز
....
kore

قاوەیی
....
ruwan kasa

بۆر
....
ruwan toka

ڕەش
....
baki

زۆر / کەم
....
da yawa / kadan

تووڕە / لەسەرەخۆ
....
fushi / nutsuwa

جوان / ناحەز
....
kyakkyawa / mummuna

سەرەتا / کۆتایی
....
farko / karshe

گەورە / چکۆلە
....
babba / karami

ڕووناک / تاریک
....
mai haske / mai duhu

برا / خوشک
....
dan uwa / 'yar uwa

خاوێن / چڵکن
....
mai tsafta / kazami

تەواو / ناتەواو
....
cikakke / maras cika

ڕۆژ / شەو
....
rana / dare

مردوو / زیندوو
....
matacce / mai rai

پان / تەنگ
....
mai fadi / matsattse

خۆش / ناخۆش

na ci / ba na ci ba

نەگریس / بەبەزەیی

mugu / mai tausayi

وروژاو / بێزار

mai karsashi / gajiyayye

قەڵەو / لاواز

kakkaura / siriri

یەکەم / ئاخر

na farko / na karshe

دۆست / دوژمن

aboki / makiyi

پڕ / خاڵی

cikakke / holoko

ڕەق / نەرم

mai tauri / mai laushi

قورس / سووک

mai nauyi / marar nauyi

برسی / توونی

yunwa / kishin ruwa

نەخۆش / سڵامەت

cuta / lafiya

نایاسایی / یاسایی

haramtacce / halastacce

زیرەک / گەمژە

mai basira / dakiki

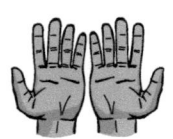

چەپ / ڕاست

hagu / dama

نزیک / دوور

kusa / nesa

نوێ / کۆن، بەکارهاتوو

sabo / na-hannu

هیچ شتێک / شتێک

ba komai / wani abu

پیر / لاو

tsoho / yaro

هەڵکراو / کوژاوە

kunna / kashe

کراوە / داخراو

a bude / a rufe

بێدەنگ / دەنگی بەرز

shiru / kara

دەوڵەمەند / هەژار

mai arziki / talaka

ڕاست / هەڵە

daidai / bata

زبر / ساف

mai kaushi / mai santsi

خەمین / خۆشحاڵ

bakin ciki / farin ciki

کورت/ درێژ

gajere / dogo

هێواش / خێرا

a sannu / da sauri

تەڕ / وشک

jikakke / busasshe

گەرم / فێنک

dumi / sanyi

شەڕ / ئاشتی

yaki / zaman lafiya

ژمارەکان
lambobi

0	سیفر	sifili
1	یەک	daya
2	دوو	biyu
3	سێ	uku
4	چوار	hudu
5	پێنج	biyar
6	شەش	shida
7	حەوت	bakwai
8	هەشت	takwas
9	نۆ	tara
10	دە	goma
11	یازدە	goma sha daya

12

دوازده

goma sha biyu

13

سێزده

goma sha uku

14

چوارده

goma sha hudu

15

پازده، پانزه

goma sha biyar

16

شازده

goma sha shida

17

حەفده

goma sha bakwai

18

هەژده

goma sha takwas

19

نۆزده

goma sha tara

20

بیست

ashirin

100

سەد

dari

1.000

هەزار

dubu

1.000.000

میلیۆن

miliyan

زمانەکان

yaruka

ئینگلیزی

Turanci

ئینگلیزی ئەمەریکی

Turancin Amurka

چینی ماندارین

Mandarin na China

هیٚندی

Hindi

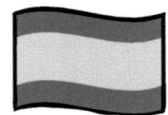

ئیسپانی

Sifaniyanci

فەرەنسی

Faransanci

عەرەبی

Larabci

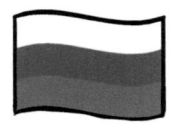

ڕووسی

Yaren Rasha

پۆرتوگالی

Yaren Portugal

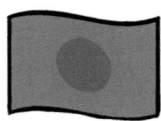

بەنگالی

Bengali

ئاڵمانی

Yaren Jamus

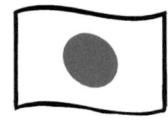

ژاپۆنی

Yaren Japan

من

....

ni

تۆ

....

kai

ئەو

....

shi / ita / ita

ئێمە

....

mu

ئێوە

....

ku

ئەوان

....

su

کێ؟

....

wa?

چی؟

....

me?

چۆن؟

....

ya ya?

لەکوێ؟

....

a ina?

کەنگێ؟ کەی؟

....

yaushe?

HELLO, I AM

ناو

....

suna

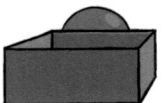

شوێن

ina

لەپشت

a baya

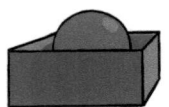

لە

a ciki

لەپێش

a gaban

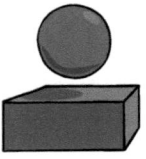

سەرێ

saman

لەسەر

akai

ژێر

karkashi

لە تەنیشت

a gefe

لەنێوان

a tsakani

شوێن، جێ

wuri